26 | TWENTY SIX

DER KÖNIG

Für den König

Mel Mae Schmidt

DER KÖNIG

26 | TWENTY SIX

TWENTYSIX – Der Self-Publishing-Verlag
Eine Kooperation zwischen der Verlagsgruppe Random House und BoD – Books on Demand
Mel Mae Schmidt © 2020
Deutsche Erstveröffentlichung
Herstellung, Druck und Verlag: BoD – Books on Demand, Norderstedt.
Satz, Lektorat, Layout: Mel Mae Schmidt
Cover: Creative Commons
ISBN: 9783740770471
Dieses Buch ist auch als Ebook erhältlich.
www.twentysix.de
https://melanieschmidtofficial.de.tl

DIE ANKUNFT DES KÖNIGS

Als der König im Jahre 30 am dritten Tag des Nisan, dem Monat des Pessach, aus dem Boot stieg, das ihn an den Ort Netanja gebracht hatte, erwartete ihn dort bereits eine große Menschenmenge. Voller Freude empfingen sie ihn und Tränen stiegen ihnen in die Augen.

„Lange haben wir auf Euch gewartet, Herr", sprach eine alte Frau, die nur noch schlecht sehen konnte. Ein grauer Schatten lag bereits auf ihren Augen und bald schon würde sie gänzlich erblinden und der Dunkelheit anheimfallen.

„Nun kann ich beruhigt Abschied nehmen von meinem verbliebenen Augenlicht, denn ich habe Euch erblickt und alles somit gesehen, was ich begehrte zu sehen." Mit liebevollen Blicken sah der verheißene König die Frau an, legte ihr seine Hand auf den Kopf und sprach: „Tochter, dein Augenlicht wirst du behalten und die Dunkelheit nicht schauen. Solange ich in der Welt bin, bin ich das Licht der Welt. Und niemand von meinen Schafen wird im Finstern irren, solange ich in ihnen bin und sie in mir." Sobald er sie losließ, konnte die Frau wieder sehen. Sie weinte und lobte Gott, den Herrn, und dankte seinem König.

Die Menschenmenge war von diesem Wunder begeistert und jeder griff nach dem König, um auch nur einen winzig kleinen Flecken seines Gewandes berühren zu dürfen. Dieser lächelte jeden sanft an und sah ihre verlorenen und verdurstenden Herzen. Nach Wahrheit und Erkenntnis dürsteten sie, nach dem Wort Gottes. Er hatte Mitleid mit ihnen. Wie verlorene Schafe, verwaiste Kinder, mutlose Seelen scharten sich die Menschen um ihn und jeder begehrte, von diesem weisen, überaus gütigen und von Gott gesandten König gesegnet zu werden. „Du musst hungrig und müde sein, Meister", sprach da ein Mann namens Yochanan, „komm zu mir in mein Haus und esse mit meiner Familie und mir, es wäre uns eine große Ehre." Der König willigte ein und trat in das Haus des Yochanan und dessen Familie. „Shalom", sprach er als er eintrat, „Friede sei mit euch." Yochanans Frau und die beiden kleinen Kinder grüßten den König und sofort liefen die Kleinen auf ihn zu. Liebevoll umarmte und küsste er diese und segnete sie. Gemeinsam lagen sie zu Tisch und ehe das Essen aufgetragen wurde, bat der König um eine große Schüssel und um einen Krug voll Wasser. Yochanan wunderte sich, brachte dem König jedoch alles, was er verlangte. Dann legte der König sein Tuch ab und stand auf. Alle beobachteten ihn. Die Menschen aus dem Dorf sahen durch die Fenster und die Türe herein. Der König kniete sich nun vor Yochanan nieder, nahm sanft seine Füße und legte sie in die leere Schüssel. Dann nahm er den Wasserkrug und goss Wasser über diese. Schließlich nahm der König sein Tuch und trocknete damit Yochanans Füße. Er lächelte ihn an. Yochanan war sprachlos. „Warum hast du das getan, Herr? Ich hätte dir die Füße waschen müssen, du bist mein Gast!" Der König lächelte. „Ich bin in die Welt gekommen, um zu dienen, nicht, um bedient zu werden. Der Herr ist nicht größer als sein Knecht. Dient einander, liebet einander. Daran werden sie erkennen, dass ihr zu mir gehört." Der König lächelte und begab sich dann zu Yochanans Frau und den Kindern, um auch ihnen die Füße zu waschen. Alle Menschen draußen, die neugierig, was der König zu sagen hatte, in Yochanans Haus hineinschauten, beobachteten diesen verwirrt und sahen einander ratlos an. Der König erkannte, dass die Menschen mehr Erklärung brauchten und sprach, als er das Füßewaschen beendet hatte:

„Wahrlich, wahrlich, ich sage euch: das, was ich gerade getan habe, mögt ihr noch nicht verstehen. Doch wenn ich fort bin und der Beistand, die Heilige Geistin, die Mama ImmaYAH, zu euch kommt, wird diese euch alles erklären und dann werdet ihr verstehen. Meine Kinder, ich sage euch, wer zu mir gehört, der wird Kind Gottes genannt werden und demütig anderen dienen als Zeichen seiner Verbundenheit mit mir." So sprach der König und legte sich nieder zu Tisch. Nun drängten mehr Menschen herzu und bald wurde das Haus voll. Sie merkten, dass er etwas erzählen wollte, so kamen alle herzu, um ihrem König zu lauschen.

VON DER LIEBE

„Die Liebe ist die Erfüllung von allem,
Die Erfüllung des Gesetzes.
Sie ist das Wesen Gottes, sie reinigt
Und heilt sündige Seelen, gebrochene
Herzen. Liebe sieht keine Sünden
Oder Fehler, sie führt darüber kein
Register, sie klagt niemals an, sie
Bewertet niemals.
Liebe schließt nichts und niemanden
Aus, sie bewahrt das Leben von
Menschen, Tiere, der Natur und
Beendet Leben nicht.
Männer behaupten gern,
Dass sie das starke Geschlecht
Seien, obwohl Frauen meist
Viel mehr Liebe in sich tragen.
Liebe ist Gott. Frauen sind
Aufgrund dieser Liebe, die Stärke ist,
Die Stärkeren. Ihre Herzen sind
Stark, denn ihre Liebe vermag alles.
Liebe ist nicht nur ein Wort,

Vielmehr ist sie Tat. Sollte Tat
Sein. Wäre Liebe doch nur die letzte Tat,
Die die Welt erschüttert."

VON DER WAHRHEIT

„Viele meinen, Wahrheit zu kennen.
Doch kennen sie nicht die Wahrheit,
Sondern ihre eigenen Meinungen.
Wahrheit ist schüchtern, Wahrheit
Ist unbelebt. Sie ist eine Ausgestoßene,
Sie wird zur Aussätzigen gemacht;
Verspottet, bespuckt, geschlagen, verjagt.
Erhält sie doch die Möglichkeit zur
Rede, sind ihre Worte scharf und sie
Liegen schwer auf dem Herzen; doch
Treiben sie den Menschen auf rechte
Pfade, wer sie annimmt. Wer Wahrheit
Ablehnt, empfindet sie als hässlich;
Wer sie annimmt, hat nie etwas
Schöneres gesehen. Ihre Worte sprechen
Erlösung ihre Taten bringen Sieg."

VOM GEBEN

„Die Welt liebt es stets zu nehmen,
Geben liegt ihr nicht, sie kann es nicht,
Aus Angst, etwas zu verlieren, in
Armut abzurutschen. Wahres Geben
Jedoch bringt nicht Armut, es bringt
Reichtum. Ein Reichtum, den die Welt
Nicht kennt und nicht versteht. Viele
Dinge können gegeben werden, nicht
Immer sind sie materieller Art. Liebe,
Freundlichkeit, Erbarmen, Trost - all dies
Und viel mehr bringen dir den Reichtum,
Den dein Herz vollkommen ausfüllt und
Dein Leben mit Wert erfüllt. Dies ist ein
Schatz, den du auf Erden unsichtbar
Sammelst und ihn in der himmlischen
Herrlichkeit sehen wirst. Dieser Schatz,
Deren Kornkammer dein Herz ist, ist das
Einzige, was du beim Verlassen dieser
Erde mitnehmen kannst. Sammle viel und
Sammle weise."

VOM ESSEN UND TRINKEN

„Etwas, das zuerst getötet werden muss,
Damit man es essen kann, taugt nicht zum
Essen. Es ist kein Lebensmittel. Keine
Nahrung. Liebe tötet nicht, niemals.
Erbarmen tötet nicht, wahres Genießen
von Nahrung tötet nicht. Liebe kennt
Keinen Egoismus, keine Genusssucht.
Liebe setzt sich ein für das Leben, sie
Beendet es nicht. Liebe berauscht sich an
Sich selbst, sie bedarf keines Alkohols,
Keines Mittels zur Dämpfung von
Schmerzen. Sie erträgt allen Schmerz und
Heilt ihn mit Liebe. Sich zu berauschen im
Alkohol, sich betrinken am Genuss ist von
Der Welt, um die Stimme Gottes leiser
Und leiser für den Menschen werden zu
Lassen. Damit seine Pfade in den
Abgrund führen, weg vom Pfad der
Rechtschaffenheit und Heiligkeit, auf dem

Er unterwegs war; Geradewegs in die Tiefen der Hölle hinein führt sie der Weg der Trunkenheit und Maßlosigkeit."

VON DEN TIEREN

„Ich sage euch: Nicht nur der Mensch ist
Des Menschen Bruder oder Schwester;
Nicht nur der Mensch hat eine
Unsterbliche Seele, die zu Gott
Hinauffährt im Tode. Auch die Tiere
Haben eine Seele, die Gott geschaffen hat.
Auch im Himmel gibt es Tiere. Sie
Können lieben, Gut von Böse und Richtig
Von Falsch unterscheiden. Sie fühlen
Schmerzen, lieben ihre Geschwister, ihre
Eltern. Sie führen ein normales Leben wie
Der Mensch. Auch sie verlieben sich,
Gründen eine Familie, versorgen ihre
Kinder, beschützen sie mit ihrem Leben.
Auch sie fliehen vor Gefahren, auch sie
Haben Angst und Sorge. Auch sie wollen
Nur in Frieden leben wie der Mensch. Der
Mensch fiel in Sünde, die Tiere blieben
Unschuldig und sündenlos. Am Anfang
Im Garten Eden lebten Mensch und Tier

In Liebe im Einklang ohne einander zu Schaden. So wird es wieder sein."

VON DER ARBEIT

„Tut nichts, was ihr hasst zu tun. Tut
Nichts, was euch ein Mensch aufbürdet,
Aber gegen Gott ist. Seid keine Sklaven
Der Arbeit, gebt euch nicht mit Herzblut
Einer Tätigkeit hin, die der Erde anhaftet,
Aber keinerlei Frucht für das Reich
Gottes bringt. Gebt euch einer Arbeit hin,
Die Gott dient und ewig Früchte trägt
Und euch nicht nur zeitlich begrenzt Brot
Auf den Tisch bringt. Müht euch nicht
Immer wieder neu um Früchte eurer
Irdischen Arbeit, die am nächsten Tag
Verdorben ist. Die himmlischen Früchte
Sammelst du einmal und sie bleiben auf
Ewig frisch und fruchtbringend. Bittet
Gott um Versorgung mit wichtigen
Dingen des Lebens, damit Er für euch
Sorgt und ihr euch ganz dem Dienst an
Gott hingeben könnt. Tut das, was ihr
Liebt zu tun."

VON DER EHE

„Am Anfang schuf Gott sein Ebenbild in
Form von Mann und Frau. Sie sollten die
Erde mit weiteren Menschen bevölkern.
Sie sollten füreinander da sein, einander
Treu sein, einander ebenbürtig sein.
Keiner der beiden steht über dem
Anderen, obgleich der Mann wie ein Dach
am Haus Übel von der Familie abwenden
Soll, um sicher im Haus, der Frau und den
Kindern, leben zu können. Als Gott die
Frau aus Adams Rippe formte, dann nicht,
Damit der Mann über die Frau herrsche,
Sie unterdrückte oder sie versklavte. Aus
Der Rippe trat die Frau, aufdass sie als
Gefährtin für den Mann Seite an Seite
Und Gleichwertigkeit durch das Leben
Ginge. Dass die Frau eine Stütze für ihren
Mann sei, dass sie einander Säulen im
Sturm des Lebens seien und stark zu zweit
Wie ein Fundament eines Hauses für ihre

Familie für Gott da sind und Ihm dienen können."

VON DEN KINDERN

„Ihr sollt werden wie die Kinder, sonst
Könnt ihr das Himmelreich Gottes nicht
Sehen. Wenn ihr nicht genauso
Unschuldig und frei wie Kinder durch das
Leben geht und euer Glaube nicht auch so
Kindlich wird, werdet ihr es schwer
Haben, hineinzugelangen. Das Vertrauen
Eines Kindes in seinen Vater oder seine
Mutter ist tief und unerschütterlich. Ein
Kind vertraut ohne Hintergedanken und
Bedingungen darauf, dass der Vater es
Beschützen und alle Dinge für es richten
Wird. Das Kind zweifelt nicht daran,
Nicht mal eine Sekunde. So sollt auch ihr
Wieder werden, wie ihr einst mal wart.
Auch ihr wart einmal ein unschuldiges
Kind, das grenzenlos vertraute, dass die
Eltern für es sorgen und es niemals
Verlassen würden. So will euch Gott
Haben, so sollt ihr an Ihn glauben."

VOM LEID

„Was ist der Sinn des Leidens? Wahrlich,
Ich sage euch: Ein Leben ohne Leid wird
Es nicht geben. Durch die Sünde trat das
Übel in die Welt, das Böse in die Herzen
Der Menschen. So entstand das Leid.
Durch Leid entsteht Schmerz. Schmerz
Brennt wie Feuer. Feuer reinigt, wie
Wasser. Aber Feuer reinigt anders. Wenn
Euch Leid trifft, dann wird euch dieses
Alles Übel aus eurem Herzen
Herausbrennen. Je mehr und tiefer das
Feuer brennt, desto größer wirkt es in
Eurem Leben. Wer auf Erden alles hat,
Was sein Herz begehrt, lernt das wahre
Leben nicht kennen und für diesen
Menschen ist es schwer, in das Königreich
Des Himmels zu gelangen. Denn seine
Seele ist nicht durch das reinigende Feuer
gegangen, um rein das Reich betreten zu
Dürfen. Es bedarf erst des Feuers. Freut
Euch, wenn das Feuer euch auf Erden

Trifft als erst in der anderen Welt, wo es
Noch qualvoller brennt als es das Feuer
Auf Erden je könnte."

VON DER KLEIDUNG

„Sorgt euch nicht darum, was ihr tragen
Sollt, wie ihr euch zurechtmachen sollt;
All das ist ohne Wert. Doch wenn ihr
Euch schon darum sorgt, dann achtet
Darauf, euch züchtig zu kleiden – ihr
Männer und Frauen - und eure Blöße
Angemessen zu verdecken, damit Ihr
Nicht in einem anderen Menschen die
Begierden aufdeckt, die zur Sünde treiben.
Behandelt euren Leib als etwas Heiliges, in
Dem Gott Selbst Seine Wohnstatt hat und
Verhüllt werden will, geschützt vor
Frevleraugen. Tut eurem Leib nichts
Unheiliges an; keine Bemalungen, keine
Löcher, keinen Schmuck in die Haut
Stechen. Der Tempel Gottes ist unbemalt
Und dicht, ohne Loch, ohne Makel. Ihr
Sollt heilig sein, wie auch euer
Himmlischer Abba heilig ist."

VON DEN BEGIERDEN

„Ihr wisst alle, dass Gott Mann und Frau
Als Sein Ebenbild schuf, damit sie Kinder
In die Welt setzen. Doch es gibt auch
Männer, die Männer lieben und Frauen,
Die Frauen lieben und einige andere
Formen. Auch viele andere Geschlechter
Sind aus Menschenhänden entstanden. All
Dies jedoch entstand aus der Hand
Dessen, der die Sünde in die Welt brachte
Und sein will wie Gott. Er kann nichts
Eigenes schaffen, denn er ist nicht Gott,
Er kann nur das, was da ist nehmen und
Verändern, verunstalten, wieder
Zurückstellen und die Welt denken lassen,
Es entstamme der Hand Gottes. Wenn ein
Mensch sich seines Geschlechtes nicht
Sicher ist oder wenn er Menschen seines
Eigenen Geschlechts anziehend findet,
Bedeutet dies, dass dieser Mensch vom
Werk des Satans missbraucht wird, um
Gott zu verspotten. Dieser ahnungslose

Mensch wird vom Feind missbraucht,
Sich willenlos gegen Gott zu stellen.
Wahrlich, ich sage euch: Dieser Mensch
Ist nicht falsch oder hässlich oder
Verwirrt. Er wird missbraucht. So wie
Jeder von euch missbraucht wird von der
Sünde, der sich wissentlich oder
Unbewusst gegen Gott auflehnt und eine
Sünde tut. So harmlos diese auch sein
Mag. Nur Gott kann den Menschen aus
Den Händen Satans befreien. Der Mensch
Alleine vermag diese Irrungen nicht zu
Verändern. Schaut mit Liebe und
Wohlwollen aufeinander und wisset, dass
Jeder dem Satan ausgeliefert ist und seinen
Lügen glaubt, der sündigt. Wer Gott um
Hilfe anfleht, wird aus den Fängen
Gerettet. Wenn nicht, gebraucht Gott die
Lügen Satans zu Seiner größeren Ehre
Und macht etwas Gutes daraus. Das Böse
wird nicht triumphieren. Betet füreinander
Und segnet einander – so wandeln sich die
Herzen mehr und mehr. Sie kehren ab
Von der Sünde und von Satan."

VON DER WELT

„Im Anfang befand sich die Welt in der
Hand Gottes. Im Garten Eden legte Gott
Die Macht über die Welt in Adams Hand.
Durch den Sündenfall wurde dem Satan
Macht über die Welt gegeben. Seitdem
Herrscht das Böse in jedem Winkel der
Erde und stürzt die Menschen ins
Unglück. Wenn dem Menschen Unglück
Widerfährt, so verfluchen sie sofort Gott,
Anstatt an den Widersacher zu denken,
Der dieses Übel zu verantworten hat.
Auch Gottlosigkeit führt zu Unglücken,
Wenn der Mensch Gottes Hilfe und
Führung in Seinem Leben nicht annimmt.
Gott zu verfluchen führt dann meist nicht
Zu weniger Übeln. Wendet euch ab von
Der Welt und ihrem gottlosen Treiben.
Lauscht nicht ihren Verlockungen, ihren
Leeren Reden und Versprechen nach
Glück."

VON FALSCHEN PROPHETEN

„Bald wird einer auftreten, der böse Feind,
Der in der Endzeit die Menschen damit
Verführen wird, dass er sich Jesus
Christus nennt und große Wunder tut.
Doch er ist das Böse und führt euch
Hinter das Licht! Der Name Jesus
Christus hat keine Wirkung mehr und
Wird zu nichts Gutem mehr gebraucht
Werden. Nehmt an den wahren heiligen
Namen des Erlösers, aufdass ihr nicht das
Böse anruft und in euer Haus lasst.
Erkennt die Zeichen und reagiert klug
Darauf. Verwendet den einzigen
Heilbringenden Namen des Gottessohnes,
Der den Namens des Gottvaters in sich
Trägt, der YAHUAH ist. Betet an den
Einzigen, dessen Namen „YAH rettet"
bedeutet; betet an YAHUSHUA HA-
MASHIACH!"

VON DER FREIHEIT

„Wenn der Gottessohn euch frei macht,
Dann seid ihr wirklich frei. Die Sünde hat
keine Macht mehr über euch. Äußere
Umstände vermögen euch weiterhin das
Gefühl von Sklaverei geben, doch solange
Ihr nicht vom Gottessohn befreit wurdet
In eurem Herzen, werdet ihr ewig Sklaven
Bleiben; einerlei, ob ihr äußerlich frei
Oder versklavt seid. Kein äußerer
Umstand vermag euch wirklich zu
Befreien und das Gefühl von Freiheit zu
Vermitteln, solange Ketten euer Herz
umschließen, solange euer Herz nicht
Vom Gottessohn erlöst wurde."

VOM GLAUBEN

„Religionen sind tote Gebäude, in denen Tote Handlungen zu einem Gott Abgehalten werden, den das tote Herz Nicht liebt. Nur eine tiefe, innige und Liebevolle Beziehung zu Gott ist Vonnöten, keine Riten und Bräuche. Auch Das Gesetz des Moshe ist nach dem Erlöserwerk des Gottessohnes erfüllt und In dieser Form nicht mehr anwendbar, da Das Gesetz durch den Glauben an den Einzigen Sohn Gottes vollkommen Angewendet und erfüllt wird, ganz ohne Riten. Wer den Sohn hat, der hat das Ganze Gesetz erfüllt. In Ihm mündet Alles, in Ihm erfüllt sich alles. Wer den Sohn hat, der hat alles. Dem ist nichts Hinzuzufügen. Er genügt. Nur wer den Sohn hat, gehört zur Familie Gottes und wird Kind Gottes genannt werden und zum Abba in den Himmel kommen. Ohne Ihn geht all das nicht."

DER ABSCHIED VOM KÖNIG

Als der König die um ihn herumstehenden Menschen diese Worte lehrte über all die Dinge, die sie begehrten zu erfahren, waren sie sehr erstaunt von diesen weisen Worten ihres Königs. Mit Staunen und Ehrfurcht blickten sie ihn an und waren in ihren Herzen berührten von all der Liebe, die ihr König in alles was er sagte, legte. Der König stand vom Tisch auf und seine Gastgeber taten es ihm gleich. „Ihr wollt schon gehen, Herr?", fragte Yochanan den König. Dieser nickte. „Ja, ich muss weiterziehen und auch anderen Städten predigen von der Liebe Gottes und über die Dinge berichten, die ich euch bereits berichtet habe." Yochanan, seine Frau und die Kleinen verabschiedeten sich von ihrem König und als dieser aus dem Haus Yochanans trat, umgaben ihn all die Menschen, die bereits die ganze Zeit am Fenster den Lehren des Königs gelauscht hatten. Sie berührten ihn an seinem Gewand und spürten sofort Heilung von ihren Gebrechen. Der König blieb stehen und lächelte die Menschen an und segnete sie. Wie einsame und verwaiste Kinder scharten sich die Menschen jeden Alters um den König und begehrten Aufmerksamkeit und Segen und Liebe und Heilung. Sie begleiteten ihn zu seinem Boot, das ihn bereits an diesen Ort gebracht hatte, und wollten ihn nicht ziehen lassen. „Ich werde immer bei euch sein", sprach der König. „Ich werde euch niemals verlassen. Bis an der Welt Ende. Bleibt in mir, dann bleibe ich in euch. So bleiben wir ewig verbunden." Mit diesen Worten setzte sich der König ins Boot und fuhr auf dem Meer davon. Die Menschen winkten ihm nach, bis er auf dem Meer nicht mehr zu sehen war.